BEI GRIN MACHT SICH IHR WISSEN BEZAHLT

- Wir veröffentlichen Ihre Hausarbeit, Bachelor- und Masterarbeit

- Ihr eigenes eBook und Buch - weltweit in allen wichtigen Shops

- Verdienen Sie an jedem Verkauf

Jetzt bei www.GRIN.com hochladen und kostenlos publizieren

Ist individuelle Freiheit in einer geordneten Gesellschaft möglich? Eine Untersuchung des Freiheitskonzepts nach John Stuart Mill

Ann-Sophie Schnitzler

Bibliografische Information der Deutschen Nationalbibliothek:

Die Deutsche Nationalbibliothek verzeichnet diese Publikation in der Deutschen Nationalbibliografie; detaillierte bibliografische Daten sind im Internet über http://dnb.d-nb.de abrufbar.

ISBN: 9783346579096
Dieses Buch ist auch als E-Book erhältlich.

Druck und Bindung: Books on Demand GmbH, Norderstedt Germany
Gedruckt auf säurefreiem Papier aus verantwortungsvollen Quellen

Das vorliegende Werk wurde sorgfältig erarbeitet. Dennoch übernehmen Autoren und Verlag für die Richtigkeit von Angaben, Hinweisen, Links und Ratschlägen sowie eventuelle Druckfehler keine Haftung.

Das Buch bei GRIN: https://www.grin.com/document/1169054

Technische Universität Dresden
Fakultät Philosophie
Institut für Philosophie
Proseminar „Politische Philosophie I: Historische Grundlagen"
Wintersemester 2018/19

Seminararbeit

Ist individuelle Freiheit in
einer geordneten Gesellschaft möglich?

Eine Untersuchung des Freiheitskonzepts nach John Stuart Mill

Vorgelegt von: Schnitzler, Ann-Sophie
Studiengang: Lehramt an Grundschulen (Ethik/Philosophie)

Datum: 22. Februar 2019

Inhaltsverzeichnis

1 Einleitung

„Laissez-Faire, in short, should be the general practice: every departure from it, unless required by some great good, is a certain evil."[1]

Mit den Worten von John Stuart Mill (geb. 1806, gest. 1873) aus seinem Werk *Grundsätze der politischen Ökonomie* (org. *Principles*) von 1854 wird bereits eine der für ihn bedeutendsten Fragen der politischen Philosophie deutlich. Als einer der einflussreichsten Denker des 19. Jahrhunderts ist er heute besonders durch sein Mitwirken in der utilitaristischen Ethik bekannt. Seine Schriften erlangten bereits zu seinen Lebzeiten große Bekanntheit und prägten viele Bereiche der Philosophie maßgeblich. In der politischen Philosophie zählt Mills Werk *Über die Freiheit* (org. *On Liberty*), das 1859 veröffentlicht wurde, zu seinen bedeutendsten Schriften. An jener Abhandlung arbeitete der britische Philosoph – entgegen der alleinigen Namensnennung von ‚John Stuart Mill' – sechs Jahre lang gemeinsam mit seiner Frau Harriot Taylor Smith. Dadurch sind darin ebenso ihre Gedanken und Ansichten eingeflossen.[2] Mittelpunkt seines Essays bildet die nach Mill bedeutende Frage der Moderne „Wie lässt sich die durch Demokratisierung erzeugte Gleichheit der Gesellschaft mit der Freiheit des Individuums vereinbaren?". Grundlegende Aspekte dieser Problematik behandelte er bereits in seinem erstgenannten ökonomischen Hauptwerk, in dem er die Frage mit dem Laissez-Faire-Prinzip beantwortete. Dieses wurde in dem Essay *Über die Freiheit,* das auszugsweise als Quelle für diese Arbeit herangezogen wird, mit der Konzeption des sogenannten „Freiheitsprinzips" ausgeweitet. Damit verfolgte Mill das Ziel, die Freiheit des Individuums zu sichern und der Gesellschaft eine Orientierung zu bieten, welche Handlungen von ihr zu kontrollieren wie auch zu bestrafen sind und bei welchen ein Eingreifen ihrerseits zu verbieten ist.

Diese Arbeit untersucht Mills Konzept von Freiheit und Ordnung, das an seinem Freiheitsprinzip ausgerichtet wird und behandelt dabei die Fragestellung „Kann das auf Individualität basierende Freiheitsprinzip nach John Stuart Mill ein angemessenes Verhältnis von Freiheit und Ordnung im politischen Staat bieten?". Dabei soll anhand verschiedener Argumente herausgestellt werden, ob das von Mill konzipierte Verhältnis von Freiheit und Ordnung innerhalb der Gesellschaft praktisch umsetzbar und mit den allgemeinen Vorstellungen und Ansprüchen an die individuelle Freiheit vereinbar ist.

---

[1] MILL, John S. (1848): Principles of political economy with some of their applications to Social Philosophy, (bearb. von Bladen, V.W.; Robson, J.M. 2006), Indiana Polis: Liberty Fund, V, xi, § 7. (Übers. d. Verfassers) Das Prinzip des Laissez-faire sollte eine allgemeine Regel sein, wobei jede Abweichung von ihr, sofern nicht ein großer Vorteil sie erforderlich macht, ein sicheres Übel ist.
[2] Vgl. NAREWSKI, Ringo (2008): John Stuart Mill und Harriet Taylor Mill. Leben und Werk. Wiesbaden: VS Verlag. S. 100.

1

2 Die Freiheit des Individuums

2.1 John Stuart Mills Verknüpfung von Individualität und Freiheit

Des Menschen Merkmal ist es unter anderem, nicht gleich zu sein. Dies ist trivial davon abzuleiten, dass sie von Natur aus nicht gleich sind; unabhängig davon, worin ihre ureigene Natur besteht, die sie zum Menschen macht. Dies trifft sowohl auf die äußerlichen als auch die innerlichen Eigenschaften des Einzelnen im Vergleich zu den anderen zu. Die Sicht und die Wertung der Individualität ist dabei so individuell wie sie selbst. Aus diesem Grund sieht der Philosoph John Stuart Mill in ihr einen weitaus höheren Wert als manche Denker vor ihm.

Nach seinem Konzept ist die Individualität sehr vorteilhaft, da er es nützlich findet, „daß der Wert verschiedener Lebensweisen praktisch erprobt werden sollte, wenn irgend jemand sich für geeignet hält, sie zu versuchen."[3] Individualität in Form des Charakters des Einzelnen ist folglich wesentlich förderlicher für dessen Glück, als wenn Regeln durch Tradition oder Sitten und damit durch andere vorgegeben werden. Mill grenzt in seiner Schrift *Über die Freiheit* jegliche Form von Individualität im Rahmen der freien Entwicklung der Persönlichkeit von Zivilisation, Ausbildung, Erziehung und Kultur ab, weswegen sie nach dem Philosophen unabhängig ihrer Folgen und anderen äußeren Umständen um ihrer selbst Willen Beachtung finden sollte.[4] John Stuart Mill spricht dabei dem Genannten wie der Erziehung nicht gänzlich die Bedeutung ab. Er äußert, dass „die Menschen [...] so unterrichtet und ausgebildet werden sollen, dass sie die gesicherten Resultate menschlicher Erfahrung kennen und aus ihnen Nutzen ziehen."[5] Allerdings ersetzt Erziehung dabei keineswegs die Entfaltung der Persönlichkeit, sondern legt laut Mill lediglich die Grundsteine, um jedes Individuum an den „Höhepunkt seiner Fähigkeiten" zu führen, bevor die Individualität ausgelebt wird und eben jene Fähigkeiten den eigenen Ansichten folgend eingesetzt werden. Dabei ist laut Mill nicht jeder Mensch in den gleichen Maßen individuell, denn „geniale Menschen, sind ex vi termini, individueller als irgendwelche anderen Leute."[6] Daraus schlussfolgert er, dass es diesen Menschen umso schwerer fällt, sich den allgemeinen Formen der Gesellschaft anzupassen, ohne dabei Schaden zu nehmen. Eine schlechtere Anpassungsfähigkeit ist damit nach Mill stark mit Individualität verbunden. Ein besonderes Augenmerk legt der britische Philosoph gleichermaßen auf die Wünsche und Triebe des Menschen, die ebenso sein individuelles Wesen ausmachen. Da Mill

---

[3] MILL, John S. (1987): Über die Freiheit. In: Die kleine weisse Reihe. Bd. 101. Frankfurt am Main: Athenäum Verlag. S. 69.
[4] Vgl. ebd. S. 69f.
[5] Ebd. S. 70f.
[6] Ebd. S. 79.

der Individualität des Menschen so viel Bedeutung bemisst, sind auch die Triebe darin einzubeziehen und nicht wie von vielen Philosophen dargestellt zu unterdrücken und auszuklammern. Mill spricht dem Einzelnen, der stärkere Empfindungen und Triebe vorweist, einen höheren Anteil an „Rohmaterial menschlicher Natur" und damit Individualität zu, wodurch er genauso stark zum Guten wie auch zum Schlechten neigt. Er betont hierbei die Bedeutung des Gleichgewichts der Triebe, die eine natürliche, dem Individuum angehörende Verbindung darstellen.[7] Im Folgenden soll darauf aufbauend auf die Grenzen der Individualität eingegangen werden, bevor ihre Rolle im Staat umfassend dargestellt wird.

2.2 Die Normen der Gesellschaft als Grenzen der Freiheit

Die Kernthese des Freiheitsprinzips nach John Stuart Mill beinhaltet die Abgrenzung von Handlungsbereichen. Dabei unterscheidet er die das Individuum betreffenden Handlungen und die Handlungen, die andere in gleicher Weise betreffen. Die individuelle Freiheit endet folglich bei der Handlung, die anderen schaden könnte. In diesem Fall ist es keine Angelegenheit des Einzelnen mehr, sondern fällt unter die Kontrolle und Maßregelung der Gesellschaft.[8] Die Grenze wird bei der Beschneidung von Rechten und Interessen anderer gezogen, denn die Freiheit des Einzelnen kann in der Gesellschaft nicht unbegrenzt sein, da jedes Mitglied im gleichen Zuge seines Daseins in einer Gemeinschaft Pflichten gegenüber den anderen hat. Das ist darauf zurückzuführen, dass auch nach Mills Ansätzen jeder von der Gesellschaft Profitierende ihr im Gegenzug etwas schuldet.[9] Die Abgrenzung dieser verschiedenen Handlungsbereiche, die Mill durch sein Freiheitsprinzip vornimmt, dient dabei der Bestimmung jenes Bereichs, der seiner Meinung nach unter keinen Umständen von der Gesellschaft angetastet werden darf. Dazu zählen in der Theorie des liberalen Denkers vor allem Gewissens-, Diskussions- und Vereinigungsfreiheit sowie die Freiheit der persönlichen Lebensführung.[10] Über diese hinausgehend obliegt es der Entscheidung der Gesellschaft, welche Handlungen des Individuums sich schädlich für die Rechte anderer auswirken und damit einzugrenzen sind. Das Freiheitsprinzip nimmt nur eine ursprüngliche Eingrenzung zum Schutz der individuellen Freiheiten und unter diesem Gesichtspunkt betrachtete Wertung der Handlungen vor.[11] Mill steht als starker Befürworter des Individualismus dieser Eingrenzung individueller Freiheit keineswegs kritisch gegenüber. Seine Zustimmung beruht auf dem Nutzen dieser Eingrenzung für das allgemeine Wohl und

---

[7] Vgl. MILL 1987, S. 73.
[8] Vgl. ebd. S. 68.
[9] Vgl. NAREWSKI, Ringo: John Stuart Mill und Harriet Taylor Mill. Leben und Werk. S. 104.
[10] Vgl. SCHUMACHER, Ralph (1994): John Stuart Mill. Frankfurt/New York: Campus Verlag. S. 133.
[11] Vgl. SCHUMACHER 1994, S. 140.

damit auch für das Individuum selbst. Strenge Regeln, die den Schutz anderer stärken, wirken sich nach Mill nicht schädlich auf das Individuum aus, sondern fördern die Gefühle und die Fähigkeit des Einzelnen, sich auf das Wohl anderer zu beziehen und dieses zu bestärken.[12]

3 Individuelle Freiheit im Staat

3.1 Der Staat und das Individuum zu Mills Lebzeiten

In Mills Theorie von der Notwendigkeit der Eindämmung der Tyrannei der Mehrheit sind neben den Einflüssen bekannter Persönlichkeiten wie Wilhelm von Humboldt oder Alexis de Tocqueville und ihrer Schriften auch die gesellschaftlichen und politischen Umstände seiner Zeit eingeflossen.[13] John Stuart Mill lebte im viktorianischen Zeitalter und verfolgte ähnliche, wenn auch widersprüchliche Umstände in der eigenen Gesellschaft, die sich in seiner Theorie wiederfinden lassen. So ist die von ihm aufgeführte gesellschaftliche Sicht von Individuen, die mit Bezeichnungen wie „unmoralisch", „monströs" und „widernatürlich" verbunden ist[14], dem Absolutheitsanspruch seiner Zeit sehr ähnlich. In Folge des damals vorherrschenden Denkens und dem Eingreifen der Religion in jeden Lebensbereich wurden Außenseiter als ebenso geächtet angesehen, wie es in der Theorie Mills anklingt. Dies beschränkte sich jedoch auf die Religion, denn der Staat sah von einer stärkeren Kontrolle des wirtschaftlichen wie auch des sozialen Lebens ab, was Mills Zeit den Beinamen „goldenes Zeitalter des privaten Unternehmertums und des ‚Laissez-Faire'" verlieh.[15]

Gleichermaßen ist die von ihm diagnostizierte Gefahr der wachsenden Gleichheit, die dem Individualismus und damit auch dem Fortschritt der Gesellschaft entgegenwirkt, historisch begründet. Mit den Worten

> „Früher lebten verschiedene Ränge, verschiedene Nachbarschaften, verschiedene Gewerbe und Berufe in dem, was man verschiedene Welten nennen könnte; jetzt in großem Maße in ein und derselben Welt."[16]

spricht er die Gegebenheiten seiner Zeit direkt in seinem Werk an. Die äußeren Umstände und damit auch die ursprünglich individuellen Interessen glichen sich in Folge der Entwicklung der

---

[12] Vgl. MILL 1987, S. 77.
[13] Vgl. GAULKE, Jürgen (1994): Freiheit und Ordnung bei John Stuart Mill und Friedrich August von Hayek. Versuch, Scheitern und Antithese eines ethischen Liberalismus. Frankfurt am Main: Verlag Peter Lang. S. 134ff.
[14] Vgl. MILL 1987, S. 89.
[15] Vgl. GAULKE 1994, S. 150.
[16] MILL 1987, S. 88.

Zivilisation wie auch des Fortschritts durch die Industrialisierung und die besseren Bildungschancen immer mehr an.[17] Es erfolgte eine gesellschaftliche Konformität, in der Mill die Bedrohung der Freiheiten des Individuums sieht, da dadurch eine Entwicklung der starken Naturen, wie er sie nennt, eingeschränkt wird. Womöglich konzipierte Mill seine Theorie also auf den Umständen seiner Zeit, da er als Befürworter des Humboldtschen Persönlichkeitsindividualismus die Zukunft des Individuums in England als gefährdet ansah und Gegenmaßnahmen konzipierte.

3.2 Der Nutzen der Individualität für den Staat

Mill orientiert sich in seiner Argumentation an dem Nutzen der Grenzziehung und des damit verbundenen aktiven Entfaltens der Potenziale einzelner Mitglieder der Gesellschaft. Deswegen ist es nach seiner Argumentation ebenso für jene nützlich, die sich nicht für die Freiheit des Einzelnen aussprechen, wenn sie die sogenannten „Charakterstarken" an der Ausübung ihrer Freiheit nicht hindern. Unter der Voraussetzung, dass die Welt den Stand der Vollkommenheit noch nicht erreicht hat, ist es laut Mill nicht zu widerlegen, dass jene mit Originalität versehenen Menschen dringend notwendig sind. Durch sie werden neue Wahrheiten ans Licht gebracht, die alte ersetzen und damit neue Bräuche entstehen lassen, wodurch eine neue Art der Lebensführung umgesetzt werden kann. Neben dem allgemeinen Nutzen in Form des angesprochenen Fortschritts kann sich nach Mill die Tätigkeit der mit Originalität ausgestatteten Menschen selbst für diejenigen als förderlich erweisen, die dafür nicht einsichtig sind. Durch das originelle Wirken anderer bekommen sie „die Chance, selbst originell zu sein."[18]

John Stuart Mill misst dem angesprochenen Nutzen des Individuums für die Gesellschaft nicht nur eine hohe, sondern gar einen unabdingbare Bedeutung bei. Er verleiht seiner Argumentation durch den Gedanken Ausdruck, die Zahl der Menschen mit Originalität ins Verhältnis zur gesamten Menschheit zu setzen. Ihre Funktion innerhalb der Gemeinschaft ist nicht wegzudenken, da ohne sie die Gefahr der Erstarrung in der Tradition besteht. Dies würde nach Mill der Menschheit, der Zivilisation, ihr Recht zu bestehen absprechen. Da sich gegenüber der gesamten Menschheit die Zahl der fähigen und originellen Menschen jedoch stark in der Minderheit befindet, ist ihre Freiheit und ihr dadurch mögliches fortschrittliches Wirken umso mehr zu ermöglichen und zu bestärken.[19]

---

[17] Vgl. GAULKE 1994, S. 150.
[18] MILL 1987, S. 78f.
[19] Vgl. MILL 1987, S. 78f.

4 Die Gesellschaft als Hemmnis oder Voraussetzung für die individuelle Freiheit?

4.1 Gewohnheit - ein Feind der Freiheit

Unter der Bedrohung durch Gewohnheit ist hier vor allem zu verstehen, dass der Einzelne nicht den eigenen, individuellen Ansichten folgt, sondern sich diejenigen der Gesellschaft aneignet und nach ihnen handelt. Mill sieht vor allem Probleme in der Definition von Sitten und Bräuchen als Ausdruck dessen, was Menschen durch Erfahrungen gelernt haben. Er führt schlüssig aus, dass an dieser Stelle vor allem die Ungewissheit einer sicheren Auswertung von Erfahrungen zu nennen ist. Es kann nicht gewiss gesagt werden, dass die Menschen die jeweils richtigen Schlüsse aus dem Erlebten gezogen haben. Mill führt des Weiteren an, dass Sitten und Gebräuche als Gewohnheiten zu verstehen sind, weil sie für gewöhnliche Menschen wie auch für gewöhnliche Umstände gemacht sind. Damit ist nicht gewiss gegeben, dass sie auf jeden Betreffenden und seine Individualität passen.[20] Unter Betrachtung der Individualität des Menschen ist Mill auch in diesem Punkt zuzustimmen, da die Wahrscheinlichkeit einer nicht ähnlichen Angemessenheit der Gewohnheit sehr groß ist. Bei keinem Menschen werden ohne Ausnahme die gleichen Umstände vorliegen, die die gewohnte Handlungsweise zur angemessenen Reaktion machen, sodass es immer jemanden geben wird, bei dem die Sitten und Gebräuche eine zur Individualität gegensätzliche Handlung vorsehen.

Ein weiteres Problem sieht Mill in der Aneignung von Gewohnheiten. Selbst wenn der Fall eintreten sollte, dass die Gewohnheit auf die Lebensumstände passt, gewinnt der Einzelne dadurch keine Qualitätsentwicklung. Nach Mills Argumentation ist das Gegenteil der Fall. Zum menschlichen Wesen gehören ebenso geistige und moralische Kräfte, die von ihm verlangen, geübt zu werden. Dem wirkt die Aneignung von Gewohnheit sehr entgegen, da ein Mensch die genannten Fähigkeiten in keiner Weise stärkt, wenn die Begründung seiner Handlung nicht seinem eigenen Verstand entspringt.[21] Obwohl Mills Argumentation richtige Schlüsse vorweist, ist dennoch die Frage ungeklärt, ob es sich bei der Gewohnheit tatsächlich um eine Bedrohung für den Einzelnen und seine individuelle Freiheit handelt, da Gebräuche und Sitten nicht mit normativen Ge- oder Verboten gleichzusetzen sind, die dem Menschen bestimmte Auflagen für Handlungen geben oder spezielle Handlungen verbieten. Es steht dem Einzelnen frei, ob er den vorherrschenden Gewohnheiten seiner Gemeinschaft folgt oder sich davon abgrenzt. Sitten und Gebräuche regeln in gewisser Weise das menschliche Miteinander,

---

[20] Vgl. ebd. S. 71.
[21] Vgl. ebd.

doch betrifft dabei der Großteil das Individuum selbst. Sollte der Einzelne ihnen nicht nachgehen, werden keine Interessen und Rechte anderer begrenzt, weswegen die Nichteinhaltung nicht in den nach Mill abgegrenzten zweiten Handlungsbereich fällt, der von der Gesellschaft kontrolliert und ggf. gemaßregelt werden sollte. Demnach darf sich die Öffentlichkeit auch keine abfallende Meinung darüber bilden. Schlussfolgernd lässt sich sagen, dass sich die Gewohnheit für die Charakterstarken, die ihren Individualismus in viel höherem Maße ausleben, demnach nicht einschränkend auswirkt, da die Handlungen der Menschen letztendlich von ihrem freien Willen bestimmt werden und nach Mills Argumentation selbst im Falle einer Nichteinhaltung keine Strafe durch die Gesellschaft zur Folge haben dürfen. Ebenso wird die Freiheit der Charakterschwachen nicht beschränkt, denen es nach Mill leichter fällt, sich anzupassen und die von ihrer Natur aus nicht danach streben, Gewohnheiten zuwider zu handeln.[22]

4.2 Gleichheit als Hemmnis des Fortschritts?

Der Behauptung von Mill, dass die Gleichheit ein Hemmnis darstellt, ist darin zuzustimmen, dass jede Art von Fortschritt originelles Denken erfordert. Dies lässt sich nicht widerlegen, denn um über bestehendes Wissen hinauszukommen, ist es erforderlich, dass vorherrschende Strukturen überwunden und überdacht werden, wozu originelles Denken notwendig ist. Jedoch stellt sich die Frage, worin die Originalität des Individuums ihren Ursprung hat. Einerseits sieht Mill diesen Ursprung im vorhandenen Rohmaterial menschlicher Natur, die jedem in unterschiedlicher Menge innewohnt. Darüber hinaus misst er dem Entstehen von Originalität unterschiedliche Umstände bei, indem er die Gleichheit innerhalb der Gesellschaft als Hindernis für Entwicklung von Originalität ansieht.[23] Es ergibt sich die Überlegung, inwieweit die Gleichheit dem liberalen Philosophen nach zurückgedrängt werden sollte. Allgemein ist ihm darin zuzustimmen, dass unterschiedliche Lebenssituationen für den Fortschritt notwendig sind. Dies ist zu bekräftigen, denn nicht alle Umstände sind für jeden in der gleichen Weise förderlich, v.a. da sich Lebenssituationen nicht objektiv beurteilen lassen. Somit erweisen sich manche Lebensbereiche (z.B. Berufe) für einige als förderlicher, da ihr Potenzial in dem betreffenden Metier höher ist als in anderen. Jedoch darf die Gleichheit nicht bis hin zu den Voraussetzungen für ein glückliches Leben verhindert werden. Dazu zählt beispielsweise der Zugang zu Bildungsmöglichkeiten oder Erziehung. Diese müssen jedem Mitglied der Gesellschaft in gleicher Weise gegeben sein, damit jeder die Möglichkeit besitzt, seine individuellen Potenziale zu ent-

---

[22] Vgl. MILL 1987, S. 79.
[23] Vgl. ebd. S.86-89.

falten. Gleichzeitig muss jedem die von Mill als bedeutsam eingeordnete Beteiligung an öffentlichen Debatten, unabhängig von äußeren Umständen wie dem Einkommen oder der gesellschaftlichen Stellung ermöglicht werden. Die Gleichheit innerhalb einer Gesellschaft gehört zu den bedeutenden Werten einer Demokratie. Jedoch muss ebenso gesagt werden, dass Mill in seiner Annahme richtig liegt, dass vollständig gleiche Lebenssituationen den Fortschritt hemmen. Es besteht demnach in der Betrachtung seines Essay *Über die Freiheit* die offene Frage, inwieweit sie in Mills Konzept verhindert werden muss. Denn eine grundsätzliche Gleichheit in den Voraussetzungen für gesellschaftliches Leben zu verhindern wäre der Gerechtigkeit in der Gesellschaft nicht zuträglich.

4.3 Eine Regierung im Sinne des Individualismus?

In Folge seines Einsatzes für den Individualismus ist seiner Ansicht nach eine „Herrschaft der Mittelmäßigkeit eine mittelmäßige Herrschaft"[24]. Mill sieht in Regierungsformen wie Demokratie und Aristokratie nicht die Möglichkeit, dass sie sich über den Durchschnitt erheben können. Zumindest könnte dies nur unter der Voraussetzung gelingen, dass sich die Herrschenden von den Begabtesten und Klügsten beraten lassen. Dagegen sieht Mill Regierungsformen der von ihm bezeichneten „Heldenverehrung", beispielsweise die Tyrannis oder Monarchie, als ebenso schädigend an, weil sie sich auf die Freiheit und Entfaltung Einzelner als auch auf das Oberhaupt der Gesellschaft selbst negativ auswirken.[25]

Mill ist zuzustimmen, dass die Demokratie die für seine Vorstellung von individueller Freiheit nützlichste Regierungsform ist. Um den Fortschritt durch einzelne, besonders originelle Individuen zu gewährleisten, bringt es seiner Meinung nach den größten Nutzen, wenn sich die Fähigsten mit der Politik auseinandersetzen, denn diese bringt gewisse Anforderungen mit sich. Der liberale Denker äußert dabei, dass Politiker intellektuell wie auch charakterlich stark sein müssen, um wahrheitsgemäße Fragen angemessen zu diskutieren. Dies entspricht seinem Konzept nach einer sehr starken Individualität. Unter einer angemessen Diskussion versteht Mill eine öffentliche Debatte, bei der eine starke Beteiligung der Allgemeinheit zu verzeichnen ist. Die Begründung dafür ist, dass Demokratie von ihm als Herrschaft der öffentlichen Meinung verstanden wird. Besonders bedeutsam ist an dieser Stelle, dass die Meinung der Öffentlichkeit nicht mit der Meinung der Mehrheit gleichgesetzt wird, denn letzteres würde eine Unterdrückung der Minderheit bedeuten. Eine Demokratie liegt vor, wenn eben jene Minderheit

---

[24] Vgl. MILL 1987, S. 78f.
[25] Vgl. ebd. S. 80f.

politisch beteiligt sein kann, denn dass die politische Gewalt einer Gesellschaft mit den Interessen der Mitglieder konform geht, ist dann mit Sicherheit gegeben, wenn der Gemeinschaft selbst die höchste Kontrollgewalt obliegt.[26]

Mill ist in seiner Befürwortung der Demokratie mit besonderer Bedeutung des Individualismus sehr fortschrittlich, da er den Begriff der Demokratie als Regierung durch das Volk auf eine neue Stufe hebt. Der Fokus hinsichtlich einer Politik im Sinne des Volkes liegt dabei nicht nur darauf, dass die Mitglieder der Gesellschaft in ihren Augen besonders individuelle Vertreter zur Ausübung der politischen Gewalt befähigen, sondern dass Mill in einer funktionsfähigen Politik der aktiven Beteiligung des Einzelnen viel Bedeutung beimisst. Sollte dieser Punkt nicht erfüllt sein, ist die Gefahr einer Unterdrückung von Minderheiten groß, was es nach Mills Ansichten nicht zu einer wahren Demokratie macht. Das Konzept des Philosophen und Ökonomen ist kritisch zu betrachten. Der Grundgedanke der Beteiligung aller Mitglieder im Sinne der Auslebung ihres Individualismus als Voraussetzung für eine Regierung durch das Volk ist fortschrittlich, weist jedoch in Kombination mit anderen Aspekten seiner Freiheitstheorie Probleme auf. Unter anderem ist in seiner Theorie die Notwendigkeit verschiedener Bildungswege verankert. Eine Gesellschaft kann nicht gänzlich aus Akademikern bzw. gänzlich aus Menschen mit schwachem Bildungshintergrund bestehen, da dies per se seiner Vorstellung von Individualismus widersprechen würde. Dies geht mit seiner Theorie der Notwendigkeit der verschiedenen Lebensbedingungen konform. Jedoch ist eine umfassende Bildung notwendig, um eine förderliche politische Debatte mit einem Ergebnis, das sich als Fortschritt bezeichnen lässt, zu ermöglichen. Folglich ist es als schwierig anzusehen, eine Beteiligung aller zu praktizieren, obwohl der Gedanke der Bestimmung der Politik durch das gesamte Volk als positiv zu werten ist. Hinzu kommt, dass die Interessen der Charakterstarken und Intellektuellen, die nach Mills Ansichten mit der Regierung betraut werden sollen, sich nicht notwendigerweise mit den Interessen der Charakterschwachen decken müssen. Jedoch spricht sich Mill gegen eine Unterdrückung von Minderheiten, in diesem Fall der Charakterschwachen aus, was jedoch unter bestimmten Umstände unvermeidbar ist, sollte im Sinne des allgemeinen Wohls gehandelt werden. Auch einer Demokratie obliegen Grenzen. Beispielhaft können Krisensituationen wie die Flüchtlingsproblematik herangezogen werden, in denen die Politik teilweise über ihre selbst gesetzten Grenzen hinaus handeln muss, was eine Überschreitung ihrer Befugnisse wie auch mancher Interessen der Gesellschaft beinhaltet.[27] Demnach ist daraus zu schlussfolgern, dass

---

[26] Vgl. KUENZLE, Dominique; SCHEFCZYK, Michael (2009): John Stuart Mill zur Einführung. Hamburg: Junius Verlag. S. 166-169.
[27] Vgl. FÖRSTER, Annette; LEMKE, Matthias (Hrsg.) (2017): Die Grenzen der Demokratie: Gegenwartsdiagnosen zwischen Politik und Recht. Wiesbaden: Springer VS. S. 201f.

Mills politisches Regierungskonzept schwer zu realisieren ist. Denn aufgrund des erläuterten Individualismus durch unterschiedliche Lebenssituationen und Bildungszustände ist es nicht für jeden gleichermaßen eindeutig, welche Wahl bei einem demokratischen Vorgang die für die Allgemeinheit förderlichste ist. In seinen Werk *On Liberty* wie auch anderen macht er selbst den Unterschied zwischen den genialen Menschen und weniger genialen Menschen deutlich, was dieses Argument bekräftigt.[28]

Des Weiteren stellt sich die offene Frage, inwieweit es den Fähigsten aufgrund ihrer Ausgangsposition möglich ist, in der Politik mitzuwirken. Es zeigt sich, dass die Theorie des Ökonomen und Philosophen in gleicherweise unserer Zeit voraus ist. In Folge der zunehmenden Verberuflichung der Politik ist es heutzutage eine Seltenheit, dass die Fähigen wie Wissenschaftler und Experten der einzelnen Bereiche wie Informatik, Gesundheit, Bildung, etc. in der Politik in den betreffenden Problematiken mitwirken.[29] Dies ist unter anderem auf die Schwierigkeit des Wechsels vom Fach- in den politischen Bereich zurückzuführen. Demnach weist die Politik führende Kräfte auf, die Engagement, aber nicht das evtl. notwendige Fachwissen vorweisen, sodass der von Mill vorgesehene Fortschritt nicht in dem Maße eintritt, wie es möglich wäre. Das besondere Fachwissen und die damit verbundene Originalität, die durch Individualität entsteht und fortschrittlich auf die Gesellschaft auswirkt, kommt durch die verschiedenen Lebenssituationen zustande. Folglich stellt sich die Frage, ob es möglich ist, gleichzeitig den Weg zu einer politischen Position zu bestreiten, um Mills Vorstellung einer Demokratie zu erfüllen? Dies ist stark abhängig vom vorherrschenden System und möglicherweise erst in einem solchen möglich, wie Mill es beschreibt, überhaupt möglich. Dadurch erscheint es wiederum unwahrscheinlich, Mills Idealvorstellung einer Demokratie zu erreichen.

5   Fazit

Zusammenfassend lässt sich sagen, dass Mill mit seiner Konzeption des Freiheitsprinzip und der damit einhergehenden Anforderungen an die Politik dem Frühliberalismus voraus war und der in seiner Zeit aufkommenden Regierung der Massendemokratie widersprach. Besonders dem von ihm erdachten Schutz bestimmter individueller Freiheiten kommt eine große Bedeutung zu. Unter Betrachtung der Fragestellung lässt sich jedoch schlussfolgern, dass sein Freiheitsprinzip innerhalb einer politischen Ordnung keine Anwendung finden kann, zumindest in

---

[28] Vgl. HÖNTZSCH, Frauke (2010): Individuelle Freiheit zum Wohle Aller. Die soziale Dimension des Freiheitsbegriffs im Werk des John Stuart Mill. Wiesbaden: VS Verlag. S. 157.
[29] Vgl. EDINGER, Michael; PATZELT, Werner J. (Hrsg,) (2011): Politik als Beruf. Wiesbaden: Springer SV. S. 10.

keinem konkreten, aktuell vorherrschenden Gesellschaftssystem. Sein Freiheitsprinzip ist nur unter bestimmten Bedingungen anwendbar, die er in der Erreichung eines gewissen Entwicklungsgrades sieht. Erst unter dieser Voraussetzung ist darauf aufbauend seinem Konzept nach eine freie und gleichberechtigte Diskussion möglich, die dem Fortschritt dient.

Doch diese Bedingungen sind seiner und auch der heutigen Zeit evtl. noch weit voraus. Viele Aspekte seines Konzept sind stark zu befürworten, da die Freiheit des Einzelnen als genauso schützenswert anzusehen ist, wie Mill es beschreibt. Wobei gleichermaßen bedeutsam ist, dass andere Mitglieder einer Gemeinschaft in ihren Rechten geachtet werden. Zudem ist genauso zuzustimmen, dass die Interessen aller besonders in der Politik Umsetzung finden sollten, um ansatzweise eine Politik der Gerechtigkeit zu gewährleisten. Jedoch ist die Art und Weise, wie John Stuart Mill die Umsetzung dessen gedenkt, teilweise praktisch unanwendbar. Unter anderem aufgrund der von ihm vorgesehenen Voraussetzungen wie unterschiedliche Lebenssituationen sowie der Unklarheit über die Abgrenzung individueller Freiheit gegenüber den Rechten anderer. Insgesamt lässt sich folglich sagen, dass Mills Konzept fortschrittliche wie auch förderliche Gedanken aufweist, jedoch einige Fragen offen lässt und Aspekte vorweist, die eine Realisierbarkeit unwahrscheinlich machen.

Quellen- und Literaturverzeichnis

Quellen

MILL, John Stuart (1848): Principles of political economy with some of their applications to Social Philosophy, (bearb. von Bladen, V.W.; Robson, J.M. 2006), Indiana Polis: Liberty Fund.

MILL, John S. (1987): Über die Freiheit. In: Die kleine weisse Reihe. Bd. 101. Frankfurt am Main: Athenäum Verlag.

Literatur

EDINGER, Michael; PATZELT, Werner J. (Hrsg,) (2011): Politik als Beruf. Wiesbaden: Springer SV.

FÖRSTER, Annette; LEMKE, Matthias (Hrsg.) (2017): Die Grenzen der Demokratie: Gegenwartsdiagnosen zwischen Politik und Recht. Wiesbaden: Springer VS.

GAULKE, Jürgen (1994): Freiheit und Ordnung bei John Stuart Mill und Friedrich August von Hayek. Versuch, Scheitern und Antithese eines ethischen Liberalismus. Frankfurt am Main: Verlag Peter Lang.

HÖNTZSCH, Frauke (2010): Individuelle Freiheit zum Wohle Aller. Die soziale Dimension des Freiheitsbegriffs im Werk des John Stuart Mill. Wiesbaden: VS Verlag.

KUENZLE, Dominique; Schefczyk, Michael (2009): John Stuart Mill zur Einführung. Hamburg: Junius Verlag.

NAREWSKI, Ringo (2008): John Stuart Mill und Harriet Taylor Mill. Leben und Werk. Wiesbaden: VS Verlag.

SCHUMACHER, Ralph (1994): John Stuart Mill. Frankfurt/New York: Campus Verlag.

BEI GRIN MACHT SICH IHR WISSEN BEZAHLT

- Wir veröffentlichen Ihre Hausarbeit,
  Bachelor- und Masterarbeit

- Ihr eigenes eBook und Buch -
  weltweit in allen wichtigen Shops

- Verdienen Sie an jedem Verkauf

Jetzt bei www.GRIN.com hochladen und kostenlos publizieren